LA

RÉVOLUTION

DEVANT L'ENQUÊTE

PARIS. — TYPOGRAPHIE LAHURE
rue de Fleurus, 9

LA RÉVOLUTION

DEVANT L'ENQUÊTE

PAR

LE Vte DE MISSIESSY

Ancien maître des requêtes au Conseil d'État

PARIS

LIBRAIRIE POUSSIELGUE FRÈRES

27, RUE CASSETTE, 27

1871

LA
RÉVOLUTION

DEVANT L'ENQUÊTE

Cauterets, 15 juillet

Un cri d'alarme est parti de l'Assemblée de Versailles le 27 mai dernier, au moment où elle apprit que Paris était délivré.

Un immense péril semblait conjuré, il fallait en prevenir le retour; pour cela, rechercher les causes d'une insurrection qui, après avoir étonné le monde par ses crimes, demeurait le scandale de la civilisation et l'effroi de l'avenir. Une proposition d'enquête fut faite, l'urgence en fut votée à l'unanimité et sans discussion.

Découvrir la trame de cette infernale conspiration, française d'origine, qui a conçu et presque réalisé un plan d'écroulement social universel, mettre en lumière surtout la filiation des égarements successifs de l'esprit contemporain qui ont pu aboutir à ce paroxysme de la haine et de la fureur de détruire, tel est, au double point de vue des faits et des doctrines, le vaste champ ouvert à l'information et à l'étude. La France entière est citée à ce douloureux procès où toute conscience devra témoigner, tout esprit honnête et convaincu apporter sa consultation.

Sans me faire aucune illusion sur la disproportion entre l'effort dont je suis capable et le but que poursuit l'enquête, je croirais manquer à une étroite obligation de patriotisme en gardant le silence dans un moment où il me semble plus nécessaire que jamais d'opposer à la négation doctrinale systématique, qui a produit le chaos dans lequel nous sommes, l'affirmation philosophique et chrétienne du vrai.

Si trop peu d'originalité et trop de franchise sont deux impardonnables défauts pour l'homme qui parle au public, je m'expose à en mériter le reproche. Ces pages ne sont qu'un écho des protestations que les erreurs modernes n'ont cessé de soulever en France depuis le commencement du siècle, et le pays n'y est point flatté. Quand un malade est empoisonné, on ne le sauverait pas par des compliments, on tâche de le faire vomir. La vérité, qui est le contre-poison de l'erreur, nous sauvera si nous l'acceptons.

I

Qu'une importante réforme sociale soit indispensable,
cela ne fait sérieusement question pour personne.

M. Thiers, dès ses premiers entretiens avec l'Assemblée, insista pour obtenir l'union des partis sur la nécessité « de reconstituer la société désorganisée[1]. » Était-
ce de sa part intuition de la vérité? Était-ce une ma-
nœuvre pour désarmer toute opposition et réaliser une
concentration de pouvoirs proportionnée à une immense
ambition? Nul ne le savait encore à la date du 19 février.
Mais la pensée qu'exprimait alors le chef du pouvoir
exécutif dépassait le cadre ordinaire de l'action gouver-
nementale, il semblait viser plus haut et plus juste, et
dire qu'il fallait réformer nos institutions.

L'Assemblée le comprit ainsi. Elle crut à un projet
sérieux de réforme, à un plan de guérison qui lui serait
exposé plus tard, et son honnêteté la livra. Elle venait
de s'allier, malgré ses tendances en grande partie mo-
narchiques et chrétiennes, avec l'esprit de Révolution in-
carné dans les néo-ministres qui survivaient au Gouvernement du 4 septembre et dans le chef, élu de vingt dé-

---

1. Discours de M. Thiers, le 19 février 1871.

partements, qui s'avançait à leur tête. Si ce fut une faute, ce fut un mérite aussi; dans ces jours d'émotions poignantes et de deuil public, elle put manquer de clairvoyance, elle n'en eut pas moins le beau rôle, elle fut droite, généreuse, confiante. Il s'agissait, à n'en pas douter, ou de régénérer complétement la France ou de la voir périr; c'était trop pour ne pas élever jusqu'à Dieu l'âme de la majorité croyante, son courage jusqu'au sacrifice des vues personnelles. A un mirage de réforme bientôt disparu elle sacrifia jusqu'à ses plus légitimes défiances.

Enfin, si indignes que soient les mains qui agitent depuis quarante ans le drapeau de la réforme sociale, il y a là cependant une protestation dont il faut tenir compte, en tant qu'elle révèle un germe d'antagonisme et de malaise social qu'aucun de nos gouvernements jusqu'ici n'a vu ou pu arracher. Oserions-nous, de peur de nous trouver d'accord sur un point avec des visionnaires et des scélérats qui rejettent sur la société tous les maux de ce triste monde et jusqu'aux vices les plus monstrueux dont puissent se souiller des êtres humains, oserionsnous soutenir que la société n'est point atteinte d'un mal qui nécessite de promptes et énergiques mesures? Non, la plaie existe, elle est ancienne et profonde, il est urgent d'aviser.

II

Le caractère général de la maladie, c'est que la notion du *Devoir* a disparu.

La théorie des Droits qui l'a remplacée, fausse dans son principe, confuse et indéterminée dans ses nombreuses formules, désordonnée, mortelle dans ses conséquences, s'est développée en quatre-vingts ans, ulcère effroyable qui ne devait laisser aucun organe sain. Les plus malades sont le cœur et la tête; la tête ballonnée d'orgueil, le cœur plein de matière, l'un et l'autre vides de tous principes de vie et d'honneur.

Toucher et guérir le cœur, c'est la part réservée à Dieu. Celle des hommes demeurés fidèles à la vérité, n'est-elle pas d'essayer de ramener les intelligences et de préparer ainsi le réveil moral indispensable à la guérison?

Je voudrais en quelques mots préciser le désordre intellectuel particulier à notre époque et en indiquer la source.

La négation du devoir, qui constitue l'erreur ou, pour parler plus justement, l'hérésie moderne, a imprimé fortement sa marque aux deux siècles les plus saillants de notre histoire, le seizième et le dix-huitième. S'intitulant d'abord *la Réforme*, elle nia que l'Église eût reçu le dépôt de l'autorité divine et proclama l'indépendance religieuse. Deux cents ans plus tard, cette même hérésie atteint tout son développement et s'appelle *la Révolution française*. Elle mord à la tête et au cœur l'organisation sociale et politique de notre pays, abaisse les deux dernières majestés dont le front portât le sceau divin, au foyer domestique l'autorité du père de famille, au foyer de la vie nationale la souveraineté, et inaugure ces dogmes nouveaux, bientôt baptisés dans le plus pur sang de la France : *le peuple est souverain ; l'homme a des droits, point de devoirs ; Dieu lui est inutile ou nuisible.*

Avec ce mauvais vent d'aberration et de défi à l'ordre divin qui ne cesse depuis quatre-vingts ans de souffler sur nous, sont venus les hontes et les écroulements. *Des sauveurs* se sont présentés, dont les intentions pouvaient être bonnes, mais qui, au lieu de réparer le mal, l'aggravaient. Figures plus ou moins fardées de la Révolution, ils promettaient, parfois sincèrement, ce qu'il n'était pas en leur pouvoir de donner, l'ordre et la liberté, dons inestimables et vraiment divins, que l'homme corrompt à mesure qu'il s'éloigne de Dieu davantage. Ils furent habiles à dorer nos chaînes, patients à réglementer le désordre, mais aveugles ; toujours beaux parleurs, ce qui fait parmi nous tant de dupes, mais ennemis en réalité de tout ce qui est morale, religion, pudeur, hiérarchie, respect, et nous conduisant plus divisés et plus désorganisés chaque fois, mais de plus en plus infatués de nous-mêmes, à ces abîmes profonds d'où s'est élevé enfin un cri suppliant vers Dieu.

Il est permis d'espérer beaucoup de ce premier effort, vraiment national, de vie intelligente et de réveil chrétien; toutefois ce n'est pas assez, il en faut un second, plus méritoire et plus décisif. Jetons à terre l'impure idole qui nous charme, la Révolution; remplaçons nos formules menteuses de progrès social par celle qui est descendue du Calvaire pour toutes les nations du monde : « Établissez d'abord le royaume de Dieu et sa Justice, et tout le reste vous sera donné par surcroît » ; nous nous relèverons alors, peuple vraiment libre et vraiment vivant, libre par la vérité, vivant par la liberté!

III

En dehors des libertés *dites* nécessaires, bien au-dessus de ces droits politiques qui supposent un tempérament national vigoureusement formé, il existe deux libertés dont aucun peuple ne saurait se passer sans subir le double esclavage de la misère et du vice et devenir inévitablement *mendiant et athée*. Ce sont les libertés civile et religieuse : celle-ci qui pose le fondement de la vie morale sur le respect inviolable de la loi divine; celle-là qui maintient au foyer domestique les éléments de la vie matérielle par le respect inviolable de la propriété.

Ces deux libertés nous manquent. Mais le pays, parce qu'il a eu la conscience et le bon sens faussés par l'abrutissement révolutionnaire, s'en croit largement pourvu. Commençons par le détromper.

Le Français croit généralement, ainsi que le lui garantit un article que toutes nos constitutions reproduisent, qu'il est libre de servir Dieu en professant un culte quelconque parmi ceux que reconnaît l'État. Il voit un protestant au temple, un juif à la synagogue, des catholiques à la messe; il voit au budget le traitement des curés, des ministres et des rabbins; il voit l'asile de l'Université ouvert aux infirmes de la libre-pensée; tout cela lui semble parfait. Croyant ou incroyant chacun se case; chacun prie ou blasphème à sa fantaisie, c'est bien la liberté de conscience, dernier mot du progrès religieux.

Je ne suis pas de son avis, et je viens avec tous les ménagements possibles lui dire qu'en regardant de plus près au fond de ce sac portant l'étiquette de la liberté de conscience, il trouvera le contraire de ce qui était promis, la tyrannie insupportable de l'athéisme. C'est qu'il en est de cette liberté comme de toutes les autres, les garanties constitutionnelles ne sont rien, la loi et les mœurs sont tout.

Or, la liberté religieuse d'un peuple se fonde sur le respect de chacun pour la croyance d'autrui, respect qui repose uniquement lui-même sur la conformité des lois civile et politique avec les préceptes de la religion. On ne persuadera jamais à un musulman de notre Algérie qu'il est libre, si nos lois compriment son pieux empressement de tuer tous les chrétiens qu'il rencontre et d'épouser autant de femmes qu'il peut en nourrir. Comment persuader davantage à un catholique qu'il est libre, si nos lois lui défendent de se présenter *au sacrement* de mariage à moins qu'il n'ait passé par la mairie et consenti à une parodie sacrilége ou inutile des cérémonies que lui impose sa religion? Ici c'est l'Évangile, là c'était le Coran, sacrifiés à l'arbitraire de nos lois. Quoi de plus vain également que la distinction entre des cultes qui sont ou ne sont pas reconnus, puisque, s'il s'agit des dogmes, l'État déclare ne pas s'en mêler, et que, quant aux pratiques imposées par un culte qu'il veut bien reconnaître, le catholicisme, il leur donne ou leur refuse le laissez-passer comme il lui convient.

Pourtant, dira-t-on, était-il possible de stipuler en faveur de tous les fanatiques du passé, du présent, de l'avenir, un droit absolu de conformer leurs actes à toutes les extravagances de l'illuminisme religieux? Devait-on, plutôt que de porter atteinte au droit sacré des consciences, fonder sur la négation de la contrainte légale une effroyable anarchie? La société peut-elle se passer de lois, et la foi peut-elle ne pas obliger également tout le monde?

Oui, sans doute, la condition de l'existence d'un peuple, c'est que la loi soit pour tous; mais puisque d'autre part vous reconnaissez nécessaire que la liberté de conscience soit respectée, il est facile d'en conclure qu'en *thèse absolue* l'unité religieuse est la condition essentielle de l'unité nationale. Il est impossible d'échapper à ce dilemme : ou bien l'unité de croyance réunit en un

même faisceau tous les fils d'une même patrie, ou bien
la liberté religieuse est sacrifiée à la nécessité politique
d'une loi uniforme[1].

A ce compte nous avons réussi à faire de la France le
paradis des libres-penseurs. Pour eux, mais pour eux
seulement, la constitution dit vrai; rien ne les gêne, ni
la loi, ni l'intolérance; ils jouissent d'une complète liberté de conscience. Au contraire, quiconque est attaché
de cœur et d'âme au service de Dieu, se sent heurté à
chaque pas dans les manifestations de sa foi, tantôt par
le législateur ou par la police, tantôt par la tendance ir-
respectueuse de l'opinion qu'envahit de plus en plus un
scepticisme effronté.

C'est ainsi que pénétrant au cœur même de la loi
française à la suite du relâchement moral et religieux du
dix-huitième siècle, l'athéisme légal est venu violer im-
pudemment ce sanctuaire déclaré inviolable de la conscience, et constituer un état de guerre permanent contre
Dieu et, on le verra bientôt, contre l'ordre social lui-
même. Il est rigoureusement vrai devant la raison comme
devant l'histoire, qu'on ne peut stipuler en faveur de
l'erreur un droit égal au droit de la vérité, sans que
l'équilibre soit fatalement rompu au préjudice dés fidèles, au profit de l'incrédulité. C'est la vérité qui est
alors proscrite, tandis que le triomphe de l'erreur est
officiellement assuré.

---

1. L'état présent de la France fait voir que l'on n'arrive pas moins sûrement à l'anarchie par l'uniformité d'une loi athée que par la liberté
laissée à chacun de n'observer d'autre règle que son caprice. Et en effet,
Dieu étant la règle souveraine, ἀρχή, il est logique que l'athéisme mène
à l'anarchie, ces deux négations n'en font qu'une.]

Prenons un exemple. Le repos dominical est prescrit par la loi divine, nos lois modernes n'accordent pas à cette prescription une sanction pénale suffisante, sous prétexte qu'il ne doit être obligatoire pour personne de croire que Dieu existe ni qu'il ait commandé aux hommes de sanctifier par le repos un jour de la semaine. Ce pauvre argument[1] peut être excusable dans la bouche d'un ouvrier cherchant du travail, il ne l'est pas, tombant de la tribune comme un pavé sur la foi du peuple, pour l'encourager à violer le précepte, et aboutir au triste résultat que l'on sait : Les ouvriers ne croient plus à rien, *ils font le lundi*, travaillent le dimanche, et telle est, dans les centres de population ouvrière, la tyrannie d'un usage qui scandalise les fidèles et défie la Providence de Dieu, que quiconque veut s'y soustraire, ouvrier ou patron, est impitoyablement sacrifié à la haine des autres.

C'est cette tyrannie qui porte en France le nom de liberté de conscience, et ce n'est pas une tyrannie fortuite, c'est une tyrannie constitutionnelle, elle naît de la loi : « la loi est athée, » c'est la formule du principe adoptée dès la fin de la Restauration par toute une école de députés doctrinaires et commentée plus d'une fois par cette déclaration si étrange, qu'il n'appartient pas au législateur de savoir si Dieu existe ou n'existe pas, mais de l'écarter de la loi. Celui qui le premier apporta cette lamentable théorie devant les chambres, crut sans doute servir honnêtement la cause des libéraux d'alors contre l'intolé-

---

1. Il ne doit être obligatoire non plus pour personne de croire que Dieu ait défendu de tuer, de voler, et le reste. Si ces défenses ne sont plus que du fait de l'homme, on voit où l'on va.

rance religieuse et tenir la balance égale entre les croyants et les incrédules. Il commettait une erreur et plus qu'une erreur, il venait de tremper dans l'œuvre impie de la Révolution et de tuer l'âme du peuple en faisant de l'athéisme une *doctrine française*. Cette doctrine n'avait plus qu'à se développer pour produire bientôt l'intolérance irréligieuse dont nous fûmes témoins, et aboutir, aussitôt que le pouvoir tomberait aux mains d'une faction impie, aux plus odieuses persécutions [1].

Les violences exercées contre le clergé pendant la terreur ont en effet reparu dès le début des dictatures de Gambetta et de la Commune de Paris, et ce qu'il faut surtout déplorer, c'est moins la perversité de ceux qui s'en rendent coupables que le lien rigoureusement indiscutable qui existe entre ces criminels attentats et la loi française comme entre la conséquence et le principe [2].

---

1. Peu après la révolution de juillet. en février 1831. quand se commirent les sacrilèges excès que raconte fidèlement l'histoire de la Révolution de Louis Blanc, ce ne fut pas seulement une populace en délire qu'on vit insultant les prêtres, pillant et saccageant Saint-Germain l'Auxerrois et l'archevêché, on put voir assistant à cet ignoble spectacle et s'en réjouissant des hommes qui n'étaient point de la populace, qui étaient destinés à monter plus haut, et qui représentaient les doctrines que *les glorieuses journées* mettaient au pouvoir.

2. On a vu s'accomplir dès le 4 septembre, dans le Midi surtout, des exploits dignes de la Commune de Paris. Ici c'est le conseil municipal de Lyon qui met les propriétés des communautés religieuses sous le séquestre; ces actes ne sont pas encore rapportés à l'heure où j'écris. Là ce sont les amis du gouvernement qui ameutent la population des villes contre les religieux, livrent leurs maisons au pillage et leurs personnes mêmes à la détention ou à l'exil, quand ce n'est pas aux plus ignobles brutalités de la foule, comme à Perpignan.
En Bourgogne et en Franche-Comté, ce sont les chemises rouges, sous la raison sociale Gambetta et Garibaldi, souillant et dévalisant les églises, les couvents, les propriétés publiques et particulières. A Autun. ils exercent leur rage sur la personne sacrée d'un évêque, partout ils

Fermer les églises, emprisonner et massacrer des prêtres, attenter aux droits les plus sacrés de toute une population de fidèles, c'est lâche, féroce, odieux, mais c'est
aussi appliquer le principe sacrilége : « la loi est athée, »
en allant jusqu'au bout de ses conséquences.

IV

Le pays n'est pas mieux partagé sous le rapport de la
liberté civile.

Il semble toutefois ne pas s'en douter, dominé qu'il
est par une dynastie puissante qui vit de lui et règne
sur lui par la grâce du Code. Source intarissable de procès, d'expertises, de ventes, de liquidations, notre loi de
partage égal, indépendamment des complaisances qu'elle
a pour le fisc, entretient une armée formidable de légis-
tes et de gens d'affaires, qui tous intéressés au maintien
d'un *statu quo* d'où dépendent leur fortune et leur influence, se liguent avec l'État contre la famille, endorment
le peuple sur les effets ruineux autant qu'immoraux du
partage forcé, le lui présentent au contraire comme un

---

arrêtent et outragent des prêtres, partout ils commettent les violences
les plus détestables.

2

chef-d'œuvre de l'équité et de la science modernes, où ils font intervenir habilement les immortels principes et la date magique de 89, détournent au besoin son attention vers la politique, et le tour est joué. La France paraît si fière de son Code civil, qu'elle l'offre à tous ses voisins comme l'Anglais sa Bible, sinon avec autant de succès, du moins avec plus de bonne foi.

A notre tour, soyons juste et rétablissons les faits. La loi du partage forcé n'appartient point à 89, mais à l'époque la plus sinistre de la Révolution; elle fut l'œuvre d'une minorité violente et inepte qui préparait, sans s en rendre compte, une désorganisation sociale aussi funeste à la République qu'elle voulait fonder qu'à l'ancien gouvernement qu'elle voulait détruire [1]. Elle est inique, imprévoyante et avilissante; elle nous ôte le droit d'avoir un foyer et de le transmettre à nos descendants; d'avoir une famille, de l'élever et de la gouverner; par là elle nous dessèche le cœur en y tarissant la source des affections domestiques et y éteint d'autant plus sûrement cette flamme du patriotisme qu'elle avait eu la prétention de faire briller du plus vif éclat. Ainsi sommes-nous enchaînés à un genre de vie égoïste et malsain qui n'a de la liberté que le nom, et qui tient de la servitude le mé-

---

1. On voit par les comptes rendus des séances de la Convention (*Moniteur* du 28 décembre 1793), qu'en moins de six mois la loi avait causé dans les familles une telle perturbation que Cambacérès, Thuriot et d'autres conventionnels voulurent la faire abroger. Ils échouèrent devant l'entêtement révolutionnaire de ceux qui voulaient à tout prix saper l'autorité paternelle et renverser les grandes fortunes, *au risque d'atteindre bien plus irréparablement les petites* et d'imprimer à la forme politique qu'ils étaient résolus d'établir *per fas et nefas* le stigmate d'une oppression effroyable destinée à ruiner le pays.

pris de tout devoir, de tout instinct généreux, de toute noble passion.

Aucune constitution aussi puissante qu'elle fût ne pouvait résister à cette action dissolvante du partage forcé, ver rongeur qui en détruisant l'unité de la famille, élément constitutif de l'unité nationale, devait avoir fatalement raison de l'énergique vitalité de la France. Comment aurions-nous pu ne pas succomber sous l'effort d'une loi qui biffe l'autorité paternelle, constitue au profit de l'enfant un droit indépendant de tout service rendu par lui à la société ou à la famille, et prépare des générations de jeunes insoumis à devenir un peuple révolté et ingouvernable; arrête avec la fécondité des ménages l'essor de la population et prive le pays de ce qui fait sa force en temps de guerre et sa prospérité en temps de paix; provoque la résistance au mariage et aux saintes obligations de la vie de famille; vient en aide au plus redoutable ennemi de toute société, l'égoisme, dont il aiguise les appétits les plus dépravés, et précipite les mœurs dans une honteuse décadence, les cœurs dans une haine aveugle et stupide des inégalités sociales, les intelligences dans une anarchie où nous voyons se confondre les notions les plus élémentaires du juste et de l'injuste, du vrai et du faux, et jusqu'au sentiment même du beau et du laid?

V

A ces causes de la ruine sociale ajoutons les attaques dirigées contre la propriété par le communisme, attaques dont on comprendrait bien mal la portée si l'on n'y voyait que la menace hardie mais passagère des vautours en quête de butin, au lieu d'y reconnaître une prétention raisonnée et permanente qui prend son point d'appui sur ·la loi elle-même. Il est facile de s'en rendre compte.

La propriété, assise sur les 7ᵉ et 10ᵉ préceptes du Décalogue, ne doit pas être considérée seulement comme un droit, erreur dans laquelle le plus brillant de ses apologistes modernes fut entraîné par son scepticisme[1].

---

1. En tant que réponse aux attaques du socialisme, le livre *De la Propriété* est de nulle valeur :

Tellumimbelle sine ulu.

Faire dériver la propriété du travail de l'homme, c'est dire vrai, mais en se contentant d'*observer* un fait d'ailleurs évident, c'est surtout se faufiler en utilitaire hors du *terrain doctrinal* où la société venait d'être appelée par l'insolent défi de Proudhon. Sans doute il convenait à M. Thiers de mettre son talent d'écrivain au service d'une cause imperdable, mais à la condition de ne pas se démentir lui-même. Pouvait-il affirmer la propriété comme droit antérieur et supérieur à toutes conventions du législateur, après avoir absous dans son *Histoire de la Révolution* la spoliation du clergé ?

Il importe que l'on sache bien que toutes ces définitions matérialistes de la propriété, aussi bien celle de l'article 544 du Code que celle de

La propriété est bien autre chose en effet qu'un droit, elle est *un Principe, c'est-à-dire une institution de droit divin*, et, au même titre absolument que le mariage[1], une fonction indispensable à l'organisme social et impliquant un ensemble parfaitement équilibré par le Créateur de devoirs et de droits; ceux-ci se résumant dans le droit souverain pour le propriétaire de disposer de ce qui est à lui, ceux-là se résumant en deux principaux, le devoir d'élever sa famille et celui de contribuer aux charges sociales. Ces devoirs sont sacrés, et le temps où nous sommes les a trop oubliés peut-être. Dans ce sens on peut considérer l'audacieuse négation de la propriété et les ruines présentes comme une expiation méritée.

Or, la première et plus rude atteinte qui fut portée à la propriété le fut par nos lois révolutionnaires. La liberté de tester, expression la plus énergique de son droit, n'est respectée en France qu'à la condition que le testateur ne laisse pas d'héritiers directs. S'il a mené une existence inutile et improductive, retranché dans l'égoïsme du célibat, les honneurs de la liberté lui sont dus, il teste.

Mirabeau, soutenant à la Constituante contre l'abbé Maury « que la propriété est *un bien acquis en vertu des lois,* » ou que celle qui figure à l'article 6 de la Déclaration des Droits de l'homme présentée par Robespierre à la Convention : « La propriété est le droit qu'a chaque citoyen de jouir à son gré de la portion de biens qui lui est garantie par la loi, » (voir l'*Histoire de Dix Ans* de Louis Blanc), donnent beau jeu à l'Etat pour toutes les spoliations légales qu'il accomplit au nom de l'intérêt public et à tous les raisonneurs de l'école socialiste, qui, ne reconnaissant pas non plus le droit divin, ont la prétention de repousser la propriété au nom du droit naturel, de la raison et de la justice.

1. Matérialiser et fausser l'institution du mariage en la réduisant à une réglementation de l'amour physique, ce fut également l'effort d'une littérature corruptrice dont l'influence sur les mœurs n'a pas été moins fatale à la famille et à la société que celle de notre régime possessif.

S'il a des enfants, il est réputé incapable, indigne; en lui, la paternité avilie est découronnée du plus nécessaire de ses attributs; il a été durant sa vie le type complet du citoyen, à sa mort on le traite en paria; telle est la liberté civile selon notre Code.

C'est cette erreur fondamentale de nos institutions qu'exploitent depuis cinquante ans les logiciens de l'école communiste. « La propriété, disent-ils, n'est point un principe, car le législateur eût été contraint de la respecter. Elle n'est qu'un fait brutal, un vestige de la féodalité, un instrument de despotisme. La Révolution a bien rendu hommage à cette vérité, elle a porté le premier coup au privilége en supprimant la liberté de tester; mais elle a manqué de vigueur, et son œuvre restant inachevée a engendré une lèpre qu'il faut guérir, le prolétariat. A nous de compléter une réforme de laquelle dépendent le bonheur du peuple et le règne de la justice et de l'égalité. »

Pour que le pauvre resiste à ces excitations et à ces mensonges, il lui faut une plus solide armure de vertu ou de science que n'en fabrique le progrès moderne avec ses cabarets et sa presse, ses instituteurs, sa libre pensée, sa morale indépendante et le reste. Le catéchisme avait bien suffi, on n'en a plus voulu; on y reviendra; mais en attendant il n'y aura de réfutation sérieuse du communisme que par le rétablissement de la liberté de tester, alors que le législateur effaçant toute trace de l'utopie révolutionnaire, aura restauré dans les intelligences la notion fondamentale du droit.

En effet, si la propriété cesse d'être individuelle pour

devenir commune à tous les enfants d'un même père en vertu d'un prétendu droit que ceux-ci tiendraient du seul fait de leur naissance, il n'y a philosophiquement aucune raison de s'opposer à ce que passant de la famille, être collectif, à une autre collectivité plus étendue, l'État, on invoque en faveur de tous les enfants d'une même patrie un droit semblable, dérivant aussi du seul fait de leur naissance, en vertu duquel une *part d'enfant* dans l'actif total de la société leur serait attribuée. C'est ainsi que la famille communiste que nous avons mène à l'État communiste, dont nous sommes de plus en plus menacés.

VI

D'un autre côté, la saine notion du testament s'est corrompue parmi nous, comme nous avons vu se corrompre la notion de la propriété sous l'influence du partage égal. Combien nous sommes loin du temps où la foi et le bon sens de nos pères affermissaient en eux ces salutaires maximes « qu'un père qui a honnestement endoctriné ses enfants et les a nourris a rempli son devoir, » « qu'un fils qui se fie sur le bien de son père n'est pas digne de vivre ! » Aujourd'hui les fils attendent impatiemment l'héritage que le Code leur dit être à eux, et le père qui use du droit illusoire qu'on appelle *la quotité disponible* est censé voler ses enfants. Est-ce décadence? Est-ce progrès?

Le testament doit être considéré comme l'accomplissement d'un grand devoir social. On sait les fins de non-recevoir que l'esprit moderne s'obstine à lui opposer, tantôt au nom de la morale dont il a l'étrange prétention de s'instituer le gardien, tantôt au nom de l'intérêt public qu'il juge au point de vue tyrannique de la réglementation par l'État d'intérêts exclusivement privés. En cela l'esprit moderne fait bien de son métier, décriant et renversant toute coutume favorable à l'initiative des individus, et s'accommodant de toute servitude pourvu qu'il n'aperçoive aucune tête dépassant les autres. Mais aux yeux du législateur, s'il s'élève à la haute région des sources du droit, pour y être inaccessible aux calculs des passions égoïstes et aux préjugés de l'opinion, le testament, véritable clef de voûte de l'organisation de la famille, revêt le caractère d'une institution sociale, inséparable de la liberté civile, des bonnes mœurs et de la grandeur nationale[1]. Il n'est battu en brèche que chez les peuples corrompus et dégénerés, les peuples vigoureux et prospères entendent qu'il ait force de loi, *uti legâssit, ita jus esto,* parce qu'ils le considèrent comme le mode de transmission de la propriété le plus conforme à la justice et à la raison. D'accord avec toute la philosophie spiritua-

---

1. Le livre de M. Leplay sur *l'organisation du travail* contient la plus judicieuse critique des erreurs auxquelles la liberté testamentaire a été sacrifiée par les lois révolutionnaires françaises.

liste, ils y voient comme le couronnement de la vie du père de famille, alors que celui-ci, en présence des salutaires pensées de la mort, se recueille devant Dieu et devant sa conscience, faisant taire les mouvements désordonnés de son cœur et songeant à pourvoir selon la justice ceux qu'il va quitter. Aussi Leibnitz fait dériver le droit de tester directement de l'immortalité de l'âme; Troplong l'admet comme le prolongement au delà de la vie de la sollicitude et de la prévoyante tendresse du père envers ses enfants. Qui pourrait en effet mieux que lui apprécier les dispositions à prendre dans l'intérêt de sa famille et pour le plus grand bien de chacun de ses membres? Qui serait meilleur juge que lui de leurs besoins, de leurs aptitudes, de leurs positions diverses?

Non assurément, l'homme qui teste, arrivé au moment solennel des adieux et des suprêmes recommandations, n'a point devant les yeux l'humiliante vision des héritiers modernes se précipitant sur la dépouille d'un mort pour la partager et en jouir le plus tôt possible; mais il pense à l'héritage qu'il a reçu lui-même et qu'il doit transmettre, de devoirs sociaux, de charges domestiques, de traditions chères au foyer de la famille; il pense aux œuvres utiles de sa vie, à ses entreprises commencées, aux institutions que sa charité soutenait; peut-être à de vieux serviteurs qu'il laisse, aux misères dont sa mort ne doit pas interrompre le soulagement; enfin, à ce légitime rayonnement d'influence que la pratique du bien lui avait acquise et à ce patrimoine d'honneur et d'estime publique que devront enrichir encore les héritiers de son nom, de ses enseignements et de ses exemples. Et quand le testateur s'est ainsi inspiré des plus généreuses passions qui anoblissent le cœur, il a justifié cette grande et nécessaire liberté, incomprise et partant répudiée de nos jours, qui n'est autre chose, suivant une juste et belle expression de Troplong, que le triomphe de la liberté dans le droit civil[1].

Le décret terroriste du 7 mars 1793 qui abolit la liberté de tester a donc produit ces deux résultats également funestes ; il a matérialisé, ruiné et dégradé la famille ; il a contribué en portant le premier coup de cognée à cet arbre soixante fois séculaire, au droit de propriété, à lever la redoutable armée qui poursuit aujourd'hui son renversement.

En voyant les ennemis de l'ordre social tirer de notre funeste régime de successions leur conclusion communiste, quiconque a su conserver au milieu du dévergondage de la pensée moderne sa rectitude de jugement, se sent invinciblement ramener à la vérité du principe par l'erreur de la conséquence. Mais le plus grand nombre demeure courbé sous la servitude d'un réseau d'erreurs où le retiennent et l'habileté des intrigants qui l'exploitent et sa propre ignorance doublée d'un orgueil incommensurable et l'entraînement du plus aveugle égoïsme. Aigries par les souffrances du temps présent, les masses n'entendent plus le langage de la raison, ne veulent supporter que ce qui les flatte, n'ont plus qu'une aspiration :

---

1. Tant est la liberté civile dans un Etat, tant y est le testament.... un peuple n'est pas libre s'il n'a pas le droit de tester, et la liberté du testament est une des plus grandes preuves de sa liberté civile. (Troplong, *Traité des donations entre-vifs et des testaments.*

s'emparer violemment de la part dont elles se croient frustrées dans le capital de jouissances et — ne faut-il pas dire — d'abrutissement, qui se dépense effrontément sous leurs yeux.

C'est ainsi que les détestables appétits toujours en armes pour le renversement de l'ordre social ont leur point d'appui dans le système de successions qui nous régit et dans la notion fausse et matérialiste qu'il fait prévaloir touchant le testament et touchant la propriété.

Nous sommes arrivés à cette première conclusion, qu'il faut restaurer la liberté religieuse et la liberté civile, celle-ci en rétablissant le droit de tester, celle-là en mettant nos lois d'accord avec la loi religieuse.

VII

Mais ici nous rencontrons un double et sérieux obstacle : d'une part, la résistance désespérée de ceux qui redoutent la Réforme, parce qu'elle les atteint ; de l'autre, le découragement, et disons mieux, le doute de ceux qui, tout en la reconnaissant théoriquement nécessaire, déclarent qu'en fait il serait chimérique d'y prétendre, et dès lors se tenant à l'écart du terrain social, le seul qu'il soit nécessaire de reprendre à la Révolution sous peine d'être biffés de la carte d'Europe, se lancent dans des questions politiques qui ne résolvent rien, s'agitent, se divisent, s'annulent. C'est toute l'histoire de ces quatre mois, et ce temps perdu à cause de l'inertie des bons, a été habilement exploité contre eux ; les dernières élections ne le prouvent que trop.

La Révolution a eu ce but et ce résultat, de mettre l'influence, les honneurs, le gouvernement, aux mains d'une race âpre, dissolue, hautaine, la race des hommes de proie et des hommes de joie, comme l'a justement nommée l'un de nos plus brillants philosophes chrétiens. Or cette race entend garder ce qu'elle a, et la centralisation qu'elle a savamment organisée mettant à sa disposition toutes ses forces, on devrait la considérer comme inexpugnable, si elle ne reproduisait trait pour trait la figure du colosse romain aux prises avec ce qu'il appelait avec mépris la secte du Crucifié. On peut espérer qu'elle aura le même sort.

Au moins faudrait-il trouver chez ceux qui l'attaquent plus de foi que nous n'en voyons, et c'est avec un saisissement douloureux que nous constatons l'affaiblissement ou la déviation de l'énergie croyante et agissante chez des hommes que leurs principes mêmes et leur apostolat de charité et de vie exemplaire désignaient pour prendre la tête du mouvement de réforme : « A quoi « bon, nous écrivait un député catholique, tenter d'ap- « pliquer à un organisme malade et ruiné le regime d'un « organisme sain, demander à un peuple aveugle la per- « ception de la lumière pure ? *Les peuples ne rajeunissent*

« *pas*, nous sommes condamnés à une vie d'expédients, et
« le travail de chaque jour est de le passer sans mou-
« rir. » Triste aveu de l'impuissance d'une raison qui
croit, neutralisée par un cœur qui doute ! déplorable
écho d'un sentiment trop général peut-être, qui nous fait
comprendre et ces mois perdus et la défaillance d'un grand
parti que le *sursum corda* de ses chfes devait entraîner
dans le mouvement religieux qui régénérera la France !

Combien n'est-il pas étrange pourtant que des hommes
si fermes sur le terrain religieux soient victimes d'un
préjugé si absolument incompatible avec leur croyance !
qu'ils se laissent entraîner dans le courant sceptique et
matérialiste à la remorque de quelques auteurs, indignes
du nom d'historiens et soucieux seulement de la vogue
qui met un prix à leur marchandise ! Qu'ils soient décon-
certés par cette impertinente doctrine qui assigne aux
sociétés une carrière fatalement condamnée à des phases
successives, phase de progrès qui serait leur jeunesse,
phase de déclin et de maladie qui précède leur mort ! Ah !
c'est que depuis longtemps les sources de l'histoire sont
empoisonnées. Montesquieu déjà s'en plaignait, et maintenant c'est l'enseignement du pays tout entier qui est
livré par la double influence d'une presse abjecte et de
l'athéisme universitaire, à une école de littérature qui
accommode les événements suivant le caprice de ses
dieux, la Révolution et le Veau d'or, et, faussant irre-
médiablement le jugement du public, déguise à ses yeux
ce qui est *la loi de l'histoire*, le rapport constant qui
existe entre la vertu et la prospérité des peuples, entre
leur corruption et leur décadence.

Sans doute toutes les nations tombées ne se sont pas relevées, mais aucune n'échappe à l'universalité de cette loi, depuis les civilisations fameuses de l'antiquité, s'écroulant au milieu du fracas de l'orgie et des insolences de l'orgueil, jusqu'aux temps modernes où se manifeste, par de si éclatants contrastes, l'influence prépondérante de la vie morale et religieuse des peuples sur leurs destinées.

Qu'on interroge seulement et sans remonter bien loin notre propre histoire, dégagée des travestissements ridicules que l'esprit de parti lui a fait subir, qu'on rapproche le seizième et le dix-septième siècle : d'un côté, avec la renaissance païenne une corruption de mœurs effrayante, le schisme et les guerres civiles, la désorganisation politique, la fin misérable et méprisable des derniers Valois ; de l'autre, ces deux grands règnes, Henri IV et Louis XIII, la paix intérieure rendue à la France, son prestige relevé au dehors, l'impulsion la plus féconde donnée aux sciences comme à l'agriculture et au commerce, la réforme de la monarchie, du clergé et des hautes classes, récompensée par le plus haut degré de prospérité que nous ayons atteint à aucune époque.

Invoquons encore, si ce premier exemple ne suffisait pas, le témoignage historique le plus irrésistible et le plus saisissant, celui du peuple juif, ce peuple si petit et si grand tout ensemble, dont la vie, condensée dans les quelques pages du livre le plus ancien et le plus authentique que nous possédions, présente tant et de si frappants exemples de ces alternatives d'infortune ou de prospérité, d'infidélité ou de fidélité envers Dieu. Sans doute il était destiné à être la figure des sociétés chrétiennes, à manifester par les retours soudains de ses abaissements ou de ses triomphes la justice du gouvernement Providentiel envers les nations, êtres collectifs qui ne vivent que dans le temps, mais sujets comme nous au mérite et au démérite, aux récompenses et aux châtiments.

Tel est assurément l'enseignement de l'histoire. Et cet enseignement, conforme à la Foi, laquelle nous impose de croire que Dieu a fait les nations guérissables, n'est pas moins d'accord avec les données de la philosophie.

VIII

La raison démontre rigoureusement que toute société fondée sur la négation de Dieu aboutit à l'antagonisme, à la dissolution et à la ruine.

Aussi, parmi les signes du temps, n'en connaissons-nous pas de plus effrayant que la répulsion qu'inspire le divin non-seulement aux ennemis de l'ordre social, mais à l'immense majorité de ceux qui s'en prétendent *les conservateurs*. Les premiers sont assurément logiques, confondant dans une même haine le Créateur et la Création et ceux qui s'y trouvent commodément établis. Mais les autres sont très-illogiques, dès qu'ils croient en Dieu, de prétendre que l'harmonie morale de cette création soit maintenue à leur profit exclusif, tandis qu'ils la troublent si gravement eux-mêmes par une résistance systématique à l'ordre divin. Il n'appartient qu'à Dieu de faire ce miracle, de rendre la vue à des aveugles qui cherchent loin d'eux le remède qu'ils ont sous la main. Quant à nous, nous leur demanderons s'il n'est pas certain jusqu'à l'évidence : 1° qu'aucune *société* ne peut ni se constituer ni se maintenir, si ce n'est en vertu d'un lien qui en rapproche les membres ; 2° que ce lien, pour faire son office, doit être plus fort que l'intérêt personnel qui tend sans cesse à le rompre ; 3₀ que ce lien assez fort pour obliger tout le monde et chacun, c'est la communauté *des devoirs* résultant du pacte social.

Or si tel est philosophiquement, rationnellement, le principe de la constitution des sociétés et la condition même de leur existence, qu'arrive-t-il si, de nos sociétés privées que nous formons et soumettons à des règles de notre choix, nous passons à cette grande famille humaine qu'aucun pacte antérieur n'a pu constituer, mais qui fut établie de Dieu ? Nous nous trouvons en présence d'une loi qui n'est pas de l'homme, et d'un législateur, Père et Souverain tout ensemble, dont la sagesse a dû régler pour nous les conditions de la vie sociale ; c'est la loi divine, loi absolue, loi immuable.

Que l'humanité se concentre dans une puissante unité, ou qu'elle se fractionne en une multitude de familles et de peuples, la loi demeure et oblige au même titre les parties et le tout. C'est la loi primordiale qui veut être

obéie sous tous les climats et dans tous les temps, au
foyer domestique comme au foyer de la vie nationale ;
c'est *le code indiscutable*, éternel et universel de nos devoirs envers Dieu, envers la société, envers nous-mêmes.
Remplir fidèlement ces devoirs, voilà l'ordre ; les repousser, voilà le désordre.

C'est ainsi que, placé à la base même de la société
pour nous obliger tous au même titre, le devoir religieux est
par excellence le bien social. D'où cette conséquence rigoureusement vraie qu'un peuple qui perd la foi et s'af-
franchit du devoir religieux, n'étant plus protégé par le
lien social, se désunit, s'écroule, retourne au néant.

Nous donnons présentement au monde ce honteux
spectacle, et il était juste que la mesure de nos humi-
liations et de nos ruines atteignît les proportions insen-
sées de notre orgueil. Longtemps l'Europe nous a vus
confiants dans notre fausse science et dans nos richesses,
infatués de nous-mêmes, dédaigneux de toutes gloires
passées, et prenant possession du présent et de l'avenir
au nom des principes modernes dont notre génie dotait
l'humanité, « désabusée enfin de la superstition et libre
dans son essor vers des progrès sans limites. » L'Europe
haussait les épaules et souriait de notre aveuglement.

En effet, nous fûmes aveuglés, c'était le commencement de notre révolte. Une menteuse civilisation, comme
un fruit doré à la surface, mais pourri au dedans, nous
avait éblouis, la terrible réalité nous était cachée. Dieu,
chassé de nos institutions, se tenait à l'écart, et avec lui
se retirait la vie. Nous n'étions plus un peuple, mais,
suivant le langage algébrique, *la négation d'un peuple*,

un entassement d'hommes se disant encore citoyens français, n'ayant cependant plus ni drapeau, ni croyance, ni culte, chacun étant devenu à lui-même son Dieu, sa patrie, son tout : phénomène monstrueux qui n'a de nom dans aucune langue, et qui ne semble pouvoir se réaliser que là où l'âme réprouvée, associée à un corps qui lui fera honneur, gémira son éternel et douloureux refrain de haine contre Dieu, contre ses semblables et contre elle-même ! Oui, c'est bien une sorte d'enfer, nous ne disons pas trop, qu'un lieu où souffrent et se plaignent sans trève et sans espérance des millions d'êtres *juxta-posés* dans l'étroite cellule de leur égoïsme, se gênant et se détestant, mais ne se pouvant quitter; mûrs pour l'asservissement dès qu'un peuple guerrier se lèvera contre eux, prêts à s'entre-tuer au premier signal.

Tel devait être et tel a été le terme inévitable de notre révolte, *en tant que peuple,* contre l'ordre établi par Dieu, et les logiciens de l'école révolutionnaire ne sont pas ceux qui, tenant aujourd'hui le pouvoir, ont combattu et vaincu l'émeute parisienne, mais ceux qui s'étant promus du ruisseau à l'hôtel de ville, affirmaient comme leurs devanciers la sainteté de l'insurrection, la légitimité de l'ambition et des convoitises, l'égalité politique de la laideur morale et du vice avec la science, la vertu et le dévouement. Ceux-ci seuls se sont montrés conséquents avec la doctrine qui nie Dieu et matérialise le pouvoir.

IX

La raison, l'histoire, la foi sont d'accord ; la pierre angulaire des sociétés, c'est Dieu.

Croire que la religion n'est pas indispensable à l'hygiène des peuples, sous prétexte qu'on peut être athée et fort honnête homme, c'est méconnaître la distinction essentielle qui existe entre l'individu et le peuple, entre le réel et l'abstrait. L'homme peut vivre, sans doute, avec ou sans Dieu, conséquent ou inconséquent avec ses principes, souvent meilleur qu'eux quand ils sont mauvais, toujours moins bon qu'eux lorsqu'il en connaît l'excellence et qu'il veut les suivre. Mais un peuple est nécessairement logique, parce que sa raison d'être, ce sont les lois qu'on lui donne, il les reproduit fidèlement par ses mœurs, et s'il a reçu une constitution vicieuse, au lieu de vivre, il se souille, se décompose et périt.

Or, c'est précisément le contraire qui fut enseigné au peuple pendant près d'un siècle, et maintenant, sous peine de le voir disparaître dans le sang et la boue, il faut lui apprendre à brûler ce qu'il adorait et à adorer ce qu'il brûlait. Le gouvernement le veut-il ? Le gouvernement le peut-il ? Qu'il se sonde les reins et éprouve sa force, car à coup sûr il en a le devoir. Ou nous ne lui devons rien, ou il nous doit la plénitude de la vérité!

Pauvre peuple de France, toujours trompé, toujours exploité, promené de mensonge en mensonge et de calomnie en calomnie par ceux qui avaient la mission de l'instruire et de le guider, tantôt habillé en roi, tantôt en esclave, encensé par les uns, soûlé par les autres, façonné au doute, au rire, au blasphème, au culte du moi, au mépris du devoir, à la haine de l'ordre divin, peuple maintenant enténébré, affolé, perdu, suffit-il qu'apres avoir jeté son âme au diable, son corps au pétrole, on demande pardon à Dieu et aux hommes de s'être trompé? Non, il faut racheter, et c'est par la vérité qu'on rachète l'erreur, dût-on y rencontrer le martyre. Cette alternative s'impose donc au gouvernement : s'il doute, qu'il se retire devant ceux qui croient; s'il croit, qu'il affirme.

L'affirmation doit être absolue. *La Révolution c'est le mal*, et le mal érigé en doctrine, ce fut la ruine sociale. La Révolution en volant à Dieu la reconnaissance de son droit souverain, à la France sa monarchie séculaire et sa glorieuse unité, à l'organisation sociale son type, la hiérarchie de la famille, à la famille elle-même son double fondement, la propriété et l'autorité du père, devait aboutir au débordement d'immoralité et d'anarchie dont nous fûmes victimes.

Désormais nous pouvons conclure que la réforme, dont la nécessité s'impose à quiconque raisonne et comprend l'imminence et l'étendue du péril actuel, consiste moins à faire du nouveau qu'à répudier les innovations coupaes du dix-huitième siècle. Déchristianiser la France fut le plan des encyclopédistes, désorganiser la société fut l'œuvre inconsciente des générations qu'avaient formées Voltaire et Rousseau. Nous devons, à notre tour, *condamner officiellement l'hérésie moderne et proclamer le droit de Dieu, le devoir de l'homme*, telle est la vraie formule de la régénération sociale. Alors nous seront en effet rendus ces deux biens, incompatibles avec notre athéisme constitutionnel, et qui sont cependant *le nécessaire* des peuples, l'ordre et la liberté : la liberté qui est la condition même de la vie, l'ordre qui en est la beauté.

Mais déjà la France, déshabituee qu'elle en est depuis si longtemps, en a perdu la juste notion. Elle croit, avec les hommes d'État qui l'ont charroyée de révolution en révolution, que l'ordre est la tranquillité de la rue, la sécurité de nos biens et de nos personnes, la liberté de vaquer à nos affaires ou à nos plaisirs. Elle se trompe; ces excellentes choses constituent le bien-être qui est la récompense de l'ordre, mais ne constituent pas l'ordre lui-même. *L'ordre, c'est Dieu obéi.*

Elle croit encore, avec les complaisants directeurs de sa conscience et de sa pensée, que la liberté est non-seulement le déclassement général et le nivellement de toutes les conditions sociales et intellectuelles, mais l'irresponsabilité de toutes les doctrines et par conséquent l'irresponsabilité de tous les actes que ces doctrines autorisent. Elle se trompe. Ces choses détestables constituent la licence ou la barbarie. *La liberté consiste à se conformer librement au bien, à s'éloigner librement du mal.*

L'ordre et la liberté ne règnent qu'à cette condition que le mal soit toujours puni et la pratique du bien toujours honorée, et tel est l'enchaînement des vérités de l'ordre moral et de l'ordre social, que l'on doit considérer le devoir de chacun envers la société comme en équation parfaite avec son devoir religieux. Il est impossible en effet de manquer à l'un sans manquer à l'autre, puisque d'une part, tout préjudice volontaire causé à autrui est une infraction de la loi religieuse, et que d'autre part, toute infraction de la loi religieuse étant un trouble apporté à l'ordre dont le maintien est nécessaire à la société, est par cela même un préjudice causé au prochain.

Ces notions de simple bon sens ont été pendant bien des siècles le patrimoine incontesté de la famille chrétienne ; aujourd'hui quel accueil est réservé à cette prétention, *rigoureusement déduite des principes de la vie sociale,* que la loi religieuse est l'unique et nécessaire point d'appui de la constitution civile et politique des peuples, et que chacun est tenu, croyant ou incroyant, de régler non sa conscience, mais ses actes publics, d'après les prescriptions de cette loi, si mieux il n'aime, pour n'être point comptable envers la société, choisir une île déserte et y vivre en libre penseur et libre-sauvage ?

X

En réclamant la liberté religieuse et la liberté civile, j'ai volontairement passé sous silence les droits politiques, ces libertés que l'opposition, par une de ces antinomies de langage familières à sa rhétorique, qualifia de *nécessaires* à la fin de l'Empire, mais qui ne développent utilement la vie nationale qu'à la condition que celle-ci soit rigoureusement constituée. Un peuple en pleine santé peut en faire usage. Autrement, elles lui donnent la fièvre, lui montent à la tête, d'attaque en attaque le mènent sûrement à la mort. Il est grand temps d'y penser.

Nécessaires au jeu turbulent de la presse et aux effets de tribune, elles ne favorisent pas *le labeur quotidien*, moins encore les aspirations de l'âme vers la vie future. On peut dire de la liberté politique qu'ornement soit des monarchies soit des républiques sincèrement chrétiennes, elle est comme le luxe des pays qui sont d'abord assurés de leur pain, le blason des peuples qu'anoblissent les habitudes d'ordre et de travail. Pour notre chère et malheureuse patrie, aujourd'hui mourante d'inanition, enveloppée d'ignominie dans la pourpre dérisoire de sa souveraineté, comment lui aurions-nous parlé de droits politiques ? Découvrons respéctueusement ses plaies, mais ne la trompons pas. Laissons-lui la dignité de ses malheurs et de sa pauvreté, et qu'elle soit honorée du moins dans la sainte liberté de ses sueurs jusqu'au jour où elle pourra être glorifiée de nouveau dans le rayonnement de son influence civilisatrice.

C'est dans l'éblouissement de ses droits politiques, comme dans l'oubli de ses devoirs religieux, qu'elle a perdu non-seulement sa beauté morale et le rôle prépondérant qu'elle exerçait en Europe, mais sa vigueur, une partie de son territoire, son honneur militaire, presque sa vie ; elle voit le néant et la ruine de ses orgueilleux palais bâtis sans le ciment chrétien, sur le sable mouvant des droits et des intérêts, et la terrible menace du Sauveur des hommes la poursuit encore : *tout royaume divise périra.* Désormais il lui faut reconstruire dans la soumission au plan de l'Architecte divin, une maison simple, solide, habitable à tous ses enfants ; graver sur la pierre de ses fondations cette parole de rédemption qui est tout l'abrégé de la science nécessaire aux sociétés comme aux individus : *Ego sum via, veritas et vita,* et ainsi retrouver sa voie, sortir enfin du mensonge et ressusciter.

Rentrant alors dans l'orbite providentielle de sa destinée, la France reprendra sa belle et noble devise qui est la formule de sa vie, *Gesta Dei per Francos,* non pour redemander compte à l'Europe des abus de la force et du sang versé, mais pour la dominer par l'ascendant de la vérité reconquise, l'éclairer et la pacifier, la rendre peut-être aux maternels embrassements de l'Église, associée à l'éclat de notre prochain triomphe comme elle l'est aujourd'hui au deuil de nos infortunes.

Ai-je besoin de protester en terminant contre une conclusion que la mauvaise foi voudra certainement tirer des principes que j'ai essayé de défendre? On dira que la science sociale, ainsi réduite en formules absolues d'une rigueur qui ne saurait convenir qu'aux mathématiques, aboutirait au despotisme théocratique le plus inflexible, et que la conséquence étant nécessairement absurde les principes le sont également.

On me permettra de répondre que ce qui serait absurde, ce serait un mode de réfutation qui voudrait s'armer contre la vérité de conclusions qui, étant purement doctrinales, admettent dans la pratique tous les tempéraments nécessités par les circonstances. Témoin le gouvernement de l'Église, inflexible contre l'erreur bien que compatissant à ceux qui s'egarent, infatigable dans sa sollicitude envers le dépôt de la vérité qui lui est confié, mais tolérant, à Rome même, toutes les religions, tous les scepticismes, pourvu qu'ils ne s'arrogent pas le droit d'y monter en chaire et d'opposer leur enseignement à celui du gouvernement qui les reçoit chez lui.

Mais c'est là le problème de la politique, je ne l'aborde point. J'ai voulu, me renfermant sur le terrain purement philosophique, montrer que la tyrannie de l'athéisme légal aboutit logiquement à l'anarchie et à la ruine, et que les malheurs de la France avaient leur explication dans ce phénomène monstrueux d'un peuple constitué politiquement et civilement sur la négation de l'ordre divin.

Revendiquant alors la liberté religieuse, j'ai été conduit à ces propositions rigoureusement vraies : que la liberté religieuse n'existe en réalité que par la conformité de la loi civile avec les préceptes de la religion, et que par conséquent l'unité nationale implique, en thèse absolue, l'unité religieuse; que l'ordre c'est Dieu obéi, et que le maintien de l'ordre étant la condition essentielle de la vie sociale et le droit de la société, aucune infraction à la loi divine ne doit rester impunie.

Mais si absolues que soient les affirmations, si ferme et si invariable que soit à cet égard l'enseignement chrétien, il ne m'est pas difficile, tout en m'y maintenant, de rassurer les âmes de bonne foi contre un fantôme de théocratie qui n'est justifié ni par la doctrine de l'Église ni par son histoire.

Ce que veut en effet l'Église, *en fait*, c'est de remplir sa mission divine en préservant de toute corruption la vérité qui est la vie des intelligences et la justice qui est la vie des cœurs, *euntes docete*, et soit qu'elle reprenne les rois ou les peuples du moyen âge avec l'autorité d'un souverain qui sait qu'on ne le discute pas, soit que pour ramener à la foi des races amollies et sceptiques, elle les adjure comme au temps présent avec une douceur de mère, elle ne tend en réalité ni à la théocratie ni au despotisme.

Ce qu'elle veut, *en droit*, c'est de maintenir l'*union* et par conséquent la *distinction* des pouvoirs civil et religieux. C'est là le principe catholique : indépendance souveraine du pouvoir spirituel, harmonie de l'Église et de l'État.

Sur ce terrain comme sur d'autres, l'Église a combattu des erreurs diamétralement opposées. C'est hors de son sein, dans le schisme et dans l'hérésie, sans parler du paganisme, qu'on rencontre ou la séparation radicale des deux pouvoirs, ou plus souvent leur confusion ; confusion qui s'est opérée de deux manières.

Elle s'est opérée *théocratiquement* par l'absorption de l'autorité civile dans l'autorité religieuse[1].

Elle s'opère, en vertu du *procédé césarien*, par l'absorption de l'autorité religieuse dans l'autorité civile, en Russie et dans la plupart des pays protestants, en Angleterre surtout.

Il est vrai qu'une double couronne repose depuis dix siècles sur la tête des papes, mais ici l'union personnelle des deux pouvoirs est un fait exceptionnel, servant dans les vues de la Providence, ainsi qu'on l'a très-justement remarqué, à maintenir partout ailleurs que dans les États de l'Église cette nécessaire distinction entre les deux pouvoirs.

Pour en finir avec les terreurs imaginaires qui accom-

---

1. Des théocraties détestables, à l'image du gouvernement des kalifes s'exerçant par la double autorité du cimeterre et de l'islam, sont nées des égarements religieux du seizième siècle. Genève fut terrorisée par Calvin au nom de l'Évangile comme la France le fut en 1793 au nom des principes qui avaient renversé le trône et l'autel.

On sait comment finit à Munster, au milieu des plus infâmes saturnales de communisme et de débauche, la domination sanglante et bachique du prophète-roi des anabaptistes. Jean de Leyde était un *pur théocrate*. Il compte plus d'un frère parmi les purs démocrates de nos jours.

pagnent dans l'esprit public toute idée de retour à une politique chrétienne, c'est-à-dire à la direction du mouvement social dans le sens de la vérité et de la justice, une dernière réflexion se présente.

On s'imagine volontiers qu'un gouvernement qui se préoccuperait de donner une impulsion si nouvelle aux aspirations et aux énergies nationales, devrait inévitablement, surtout succédant à des gouvernements dont les tendances étaient opposées, recourir à un arsenal formidable de pénalités et de lois draconiennes, c'est-à-dire à une sorte de coup d'État le plus insensé contre la volonté expresse de la France. Je ne puis m'empêcher de répondre que *le principe de la répression* n'est pas à craindre en lui-même, puisqu'il n'est autre chose que la sanction nécessaire de la distinction du bien et du mal, et *qu'en fait*, s'il était possible de réaliser jamais parmi les hommes une société dans laquelle le mal serait toujours exactement puni, c'est-à-dire *la liberté de tout le monde toujours efficacement protégée contre tout abus de la liberté individuelle*, cette société serait tout bonnement parfaite.

Assurément, personne, du moins dans le camp des croyants, ne songe à réaliser cet idéal de la perfection. Rien n'est plus digne d'un gouvernement que de tendre à s'en rapprocher, et le moyen consiste non pas à sévir inutilement et impitoyablement contre tout désordre de quelque nature qu'il soit, mais à faire que le bon exemple parte toujours d'en haut, le mauvais exemple jamais ; à honorer partout où il les rencontre la vertu, le mérite modeste, l'esprit de sacrifice ; à purifier surtout notre enseignement public, nos institutions, nos mœurs. En

un mot, le moyen c'est de nous établir sur le fondement
de l'Évangile, code de morale et loi d'amour, où la douceur du juge s'allie toujours à la rigueur du précepte, où
la figure du Christ, prenant par la main le pécheur et le
guérissant, tempère ses anathèmes contre le péché. C'est
là le guide infaillible qui assure les pas de tout homme
venant au monde, et qui, traçant également la voie aux
pouvoirs publics, leur permet de réaliser le moins im-
parfaitement possible l'accord entre les théorèmes abso-
lus de la science sociale et les exigences essentiellement
variables de la pratique, d'une part *la région doctrinale*
où doivent régner sans rivale les clartés lumineuses de
la vérite, de l'autre *la région expérimentale* où les sévé-
rités de la loi fléchissent devant les célestes inspirations
de la charité.

PARIS. — TYPOGRAPHIE LAHURE

9, rue de Fleurus, 9

www.ingramcontent.com/pod-product-compliance
Lightning Source LLC
LaVergne TN
LVHW050109060726
842524LV00003B/1016